뇌청소

뇌청소

이경란 제5시집

신아출판사

목차

제1부 **뇌청소**

제2부 눈眼

제3부 야성의 위로

제4부 감사해요

1부

뇌청소

방원 산부인과

버스 한 대
광고문을 옆구리에
가득 문신한 채 다가와
소리친다

산부인과 진료는 ㅇ방원 산부인과로!
전주시 ㅇㅇ동에 위치
빠르고 정확한 ㅇ방원 산부인과!

조선 태조 이성계의 아들이 아닌
산부인과 전문의 '방원'.

내 친구 방원이가 전주에 개원을 했나?
이름도 성姓도 똑같은 ㅇ방원

서울로 갔던 그 방원이 아니라 해도
'방원' 그 이름만이라도
와 준 게 고맙고 다행하다
·
·
·

!?~그 방원이가 전주에 왔을 리 없다.
어차피 산부인과 갈 일 없으니
이름에 혹해서
산부인과 찾을 일도 없으리...

설령 갈 일이 생긴다 해도
혹, 그 방원이면 부끄러워 못 가니
안 찾아가겠지...

내 친구 방원이!
이름만 생각해도
이름만 불러봐도
마음이 가라앉는 내 친구 방원이!

순수하고 순결한 그 모습.
.
.
.
내 친구 방원이가 전주에 왔다-!
이름만이라도 와 준 게
반갑고 감사하다

뇌청소

1
소설가 '우'라는 교수.
그가 쓴 단편 '가을날'을
어느 봄날에 읽었다

여러 갈래로 얽힌
애정관계의 복잡치밀한 구성에
뇌가 일침을 당했다

(아, 물론 그는 결코
조잡하지도 난잡하지도 않은
결말을 남겼다)

2
처음 그를 만났던 갓 스물의 날부터
그 어느 날엔, 강의실에 남겨져 야단을 듣고
졸업 후 길에서 만나서는 말참견을 당하고
얼마치 세월이 흘러
서로가 서로를 스쳐간
그 모든 기억들까지
덩달아 뇌를 때렸다 놓았다 했다

3
오랫동안 보듬지 못하고
미워하던
삶의 나날들에 대한 댓가였을까?

(사람의 뇌는
일하고 놀고 사랑할 때
노화되지 않는다던데...)

삭았던 뇌는 경련을 하였다.

4

.
.
.

이제야 나의 뇌를 놓아주는구나!

미워하고 싫어하던
그 모든 아픔들이
꽃샘추위보다도 더
요란을 떨며 청소되었다.

5
단단한 권력가의 힘이 아닌
부드러운 작가의 손의 위력에
압도된 그 해 3월,

사랑이 한 단계 상승하던
꽃소식
가까이
들리던 날

그 중 하나

1
몸을 쪼개
날 낳아준 어미인데,
그런 핀잔 하나쯤
그런 불평 하나쯤
어떻다고 못 넘기랴!

2
매사,
자식같이 어리고 철부지인
사내아이들인데,
그런 학대 하나쯤
그런 희롱 하나쯤
어떻다고 못 잊으랴!

사는 게 그런거지

사랑하는 사람
못 만날 수 있지.
얼굴보아도 사랑이
안 이루어질 수 있지.

일 주일을 밤낮
고뇌해도
그에 대한 해답이 묘연할 수 있지.

아침산책을 하고
도롯가를 걷고
아는 사람 만나 반갑게 웃지.

구둣가게 아줌마를 만나
구두를 주문하고,
새빨간 립스틱을 사지.
밝은 햇살이
얌전하게 묶은 머리 위로 내리지.

사는 게 그런거지!
사는 건 그런거지!

골방 속 고뇌가
제 아무리 인생같다 해도
떨치고 나와
세상을 둘러보는 일보다
못 할 수 있지!

그 다음엔

처음엔
그가 나를 사랑하고,
그래서 나도
수줍게
나를 사랑하게 되고…

그가 계속
나를 사랑하고,
그래서 나도
슬그머니
그를 사랑하게 되고…

그 다음엔
그와 나, 우리가 함께
밝은 눈빛을 쏘며
그 어느 누구도
사랑하게 되고…

리얼타임

와! 예쁘다
안녕핫세욧!

순간, 눈치채고 발걸음 돌리는.

맥반석에 구운 달걀
세 개 집어들며~

머리로는
버스표 한 장 사고 남는
여윳돈 세는.

남은 시간 세 시간
다 흘러가버리기 전!

분주한 손놀림으로
시상詩想 붙드는.

과업성취 효과

사랑하는 사람의
요리를 먹어보고 싶다.

… 벌써, 배가 부르다는 얘기다!

과업을 이 정도 성취했으니
이젠 좀
대접을 받아보고픈 마음이다.

항상 주기만 해서
지친 게 아닐 것이다!

딱 한 번만,
딱, 그 요리 한 가지만이면! 된다는데…

이게 과업성취의
헛물이랄까!

뇌청소 2

더운 물로 몸 헹굴 때마다
자지러지게 울던
어린 시절의
네 목욕

마음도
웅크려졌다 펴졌다를 반복하다
어느 새
개운해지는
여름날 독서의 오후

300도 가까운 열풍 오븐 속을
피자의 도우*
몇 분 간 지나간다

*피자를 굽기 전 강력분으로 발효시켜 놓은 덩어리, 또는 그것을 얇게 밀어 편 것

뇌청소 3

두려움을 물리치는
마법의 주문따윈
이제는 필요없지.

청진기 머리에 댈
필요없지.

내가 이런 정도밖에는
되지 않는군! 하며,
무엇도 아니고
무엇을 이룰 필요도 없군! 하며,
화장실 청소나
기쁘게 하지.

마음이나 차분히 하고
평안이나 누리려 애쓸 뿐.

.

.

.

,

혼란한 날
두려운 날
체력떨어지는 날~!

편지를 부친 날

혹여, 토라질까 봐
빠른 우편으로 편지를 부쳐놓고
겨울 바람을 맞으며
걷는 걸음은
얼마나 흐뭇하고 다정한지-

찬 바람마저 다숩고
겨울 햇살은
훈훈히
갈빛 머리카락 위에 쏟아진다

우정과 사랑의
들기름 · 깨소금의 양념으로
버무린 푸성귀 한 접시-

그는 맛나게 먹은 후
윤기 가득한 얼굴빛
산뜻하게 깨어난 정신으로
그의 사랑하는 사람들을
돌보며 도우며

변함없이
시간의 보석을 쪼아

‘하루’란
보물을 빚으리라

눈물 2

한없이 약하나
언어와 태도는
한없이 엄위하던

공경은 하나
사랑은 할 수 없던

존경은 하나
마음 속 길은
도저히 알 수 없던

어머니–
엄–마–

찬송을 부르다가
거친 손으로
슬쩍–
눈물을 닦아내시던
내 곁의
엄–마–!

솔로몬은 유명해도

그를 그렇게 만든 사람은
밝혀지지 않았다는
목사님 설교에,
거칠게
슬쩍- 슬쩍-
눈물을 훔치시던
엄-마-!

이제야 말해요
당신을 사랑한다고.

이제야 알아요
당신 부드러운 품 속을...

미스터 요강

내 이름은 미스터 로강.
미스터 '요강'이 아닙니다, 절대!
중화민국-양고기에 소금을 듬뿍 뿌려먹는
지역-에서 왔죠.

밤늦게까지 장어집에서 알바를 하고...,
-이것 때문에 조금 의기소침하기도 해요
그러나
요래뵈도
전주에 있는 한 후기대 대학원생이랍니다
이 정도면
대단한 것 아닌가요...?!

두 과목 낙제를 해서
대학원을 한 학기
더 다녀야하기에,
비록 나이는 많으나
앞머리는 핀컬파마, 의상은
하체가 딱 붙는 면바지를 애써 입고
무릎 구부려
예쁘게 인사를 합니다!

간식과 부식을 가끔 챙겨주던
주인집 나이 많은 이모를 벌거벗고
유인하다 쫓겨났어도,
보증금 없이 월세만 주고 살았어도,
주인집에서 이사를 했어도,
여전히 권리는 있다고
큰 소리도 치죠!
—부끄러움 모르는 중화민국인의 자신감으로…

주인집 이모는,
여자 주제에
집 비우고 외출했다 단죄하고,
월세방 열쇠를 잃어버린 날은
여분의 열쇠 내놓아라
반말, 큰 소리로
버럭 화를 냈죠!

20년 나이 차이나는 주인집 이모가
내게 관심이 있건 없건
나이가 많건 적건

중화인 사상思想에는
남자 아래임이 분명하니까!
–돈 없는 한국을 도와주러 왔는데도 고개를
 안 숙이고 끄떡이 없네요!

원룸 구할 돈이 없어
다른 집 단칸 방에 세 들어 살아도
자동차는 크고 폼나는
친구의 것을 이용한답니다.
–세계의 중심은 중화민국! 이 마을의 주인은
 이 몸이기에.

사람들마다 세 내놓고
그럭저럭 먹고사는 작은 마을인지라
언제건, 길거리에서도
목청 돋우어 왁자지껄 모국어를 발음해도,
말리는 자 하나 없는
이 몸 중화인.

어쩌면
나는 이 도시의 진정한
미개인–
미스터 '요강'인지도 모릅니다!

슬픔

오후, 어디선가
아이
까무러치게 우는
울음 소리 들린다

그 울음 속에
묘한
상쾌함 있다

아이 엄마는 그 소리
듣고 있는지
듣고도 내버려두는지
.
.
.
어떤 분노
어떤 슬픔같은 것이

가시는

개운함이 오고 있다

제2부

눈眼

돌石

발길질해
들어가 박혀

영문도 몰라
울음도 안 나와

구차한
생生

그러나 남들이

보석이라 부를 줄
예술품의
한 부분이라 부를 줄

몰랐네!

詩의 행위

때로는
요란법석인 머리카락을
아담하게 자르는 행위

때로는
힘없는 머리에
화려하진 않지만
드라이 컬을 넣는 행위

때로는
깊은 고뇌의 우물에서
천천히 물을 길어올리고
환희에 차는 것!

때로는
다 낡은 장롱에
기름칠을 하는 행위

다 낡은
베란다에서
떨어지는 빗줄기를
감상하는
마음.

아지트에서 1
---빼기

'지금은 더하기가 아닌
빼기를 할 시간'이라는
제로칼로리 차茶음료 선전카피copy처럼,
모처럼 차린 작업실에서
차를 마시듯
시집을 뒤적여본다

채우기에 급급하던
지성知性의 마음을 뒤집어
詩의 아담한 언어와
정제된 사고 앞에서
샤워기를 틀어놓고
머리를 감는다

과잉된 체중만큼
살
빠지겠다!

아지트에서 2

---차렸어요!

커피잔 3개
유리병 2개
아버지가 물려주신 詩병풍 1개
어머니가 주신 제라늄·난초 각각 1개
러그lug 대용 홑이불 2장
분홍 알미늄 주전자 1개

커피, 다도용 국산차,

도서, 선풍기, 난로 빼고
가구 및 가전제품 없음.

시 쓰기 시작한지 10년만에
부모에게서 독립한지 20년만에

떠났다 돌아와
우여곡절 끝에 마련한,

봄· 여름· 가을· 겨울
출퇴근만 하는 방

우리집 2층
작업실 겸 서재,
아지트~ 차렸어요!

아지트에서 3
---러그 대용 홑이불

러그lug* 대신 시장에서 사온
분홍빛 여름 홑이불을 깔았다

날이 덥다
앉아있는 홑이불 위에서
소록소록 잠이 솟아난다

엄마가 날 처음 낳아, 두었을
포대기 감촉이 몰려온다

갓난아기였을 적
이비인후과에 데리고 갔었다던
그 원인제공의 코감기가
오십을 바라보는 이 여름에도
사라지지 않고 있다

그때 엄마는 내게 젖을 먹였고
지금 나는
詩의 젖꼭지를 물고 있다

*양탄자와 비슷한, 장식용으로 바닥에 까는, 무늬와 색감이 있는 천

버려두다

어제 아침, 어머니 유별나셨다
오늘 아침, 어제는 정신이 없어
틀니도 빼놓고 출근했지.
하신다
죽을 병 아닌즉,

버려두다
그래야 세상 편하다.

세상을 다 품으면 얼마나 좋겠는가?
세상을 다 가지면 얼마나 좋겠는가?
세상이 다 내 편이면 얼마나 좋겠는가?
세상이 악마라면
악마가 가지게 하라.

버려두다
그래야 세상 편하다.

천사같은 눈동자 가진
우리 연근이,
?!※‰*** 또 와!
?!※‰*** 또 와!

예쁜 새같이 말하던
우리 연근이,
몸 낳아준 부모 아닌즉

걱정 않고 버려두다
천사는 천사가 돕게 하라
그래야 세상 편하다.

눈眼

--마크툽*161에서

몸으로 당하면서
직접 눈으로 보아야만
진실은 보여지는 것

직접 보라고, 절대자는
이리로 이끌었다.

레스토랑 밖의
걸인...

내가 걸인이 되지 않고는
볼 수 없는 세계,

내가 병자가 아니고는
알 수 없는 세계,

그 눈眼을 주려고, 초월자는
삶을
그리로 이끌었다!

* '그렇게 기록되었다'는 뜻의 영성靈性 지침서. 저자는 파울로 코넬료

통증

아파야 정신이 드니
기가막힐 노릇이다

우리를 겸허하게 하고
현실을 수용하게 하는 마음이,

비로소

넘실대던 정신의
교만한 파도를 잠재우는 힘이,

여기에서 나오다니...

우주의 맨밑

바닥을 아는가?
바닥에 와 있는가?

영혼과 육체의 강건함 넘치는
젊음 가득한 대학 캠퍼스에

남루한 옷차림
비틀거리는 걸음으로
서로의 허리 꼭 껴안고 걷는
세상 모두에게 버림받은
두 남녀.

영혼까지 버림받은
그들의 맨 밑바닥

그 정신의 기아상태
그 바닥에서,
시작하라!

무제

쏟아지는 햇빛

주님
당신이십니까?

첫마음 1
---복음성가

“들어주소서,
나의 주여!

내 영의 소원을
살피소서.

주가 주신 나의 이 생명
주 뜻대로 이끄사-

썩어가는 이 세상에
밀알되게 하소서.”

다 썩은 세상이다
외치고 싶은 날엔……

첫마음 2
---복음성가

"들어주소서,
나의 주여!

내 영의 소원을
살피소서.

주가 주신 나의 이 생명
주 뜻대로 이끄사-

어두워진 이 세상에
한 빛 되게 하소서."

다 죽은 세상이다
외치고 싶은 때엔......

첫마음 3
---안 떠난다

떠나는 사람 많고
떠날 일 많은 시절이지.

이젠, 손가방들의
먼지쌓인 보관창고 된
큰 트렁크!
20년 간
멀리로 가까이로
쉬지 않고 떠나게 만든
뇌파 조종장치.

너도 이제 많이 늙었구나!
나도 이제 많이 낡았구나!

아픔의 마음 가라앉힌 후
겨우
첫 자리에,
단정한 엉덩이
가만히
붙인다

엄마도 그래?

가끔 가정에 힘든 일이 있거나
마음 약해질 때
어머니는
모래내를 가자신다
모래내 튀밥집을 가자신다

그 튀밥집 가려면
점집 몰려있는 긴 길을 걸어야 한다
소름끼치고 찜찜한 거는 말할 것도 없다

왜, 어머니는 그 길을
가자시는지 모르겠다

짐작컨대
담력을 시험하거나 키울
의도이신 것 같다

그 날도 느릿느릿
왕복 2시간을 다 걷고나자
나는 어머니께 말했다

"사실, 예수님께 지켜달라고 기도하며 간다지만
혼자일 땐 무섭고도 머리가 당겨.
하지만 같이 갈 땐 무섭지 않아.
엄마도 그래?"

어머니는
아무 말 없이
고개만 두어 번
천천히
끄덕이실 따름이었다

제3부

야성의 위로

야성의 위로

1
자유방임형으로 키워
자유는 있으나
생존의 안정은 없는
시골개와
생존의 안정은 있으나
자유는 없는
우리 안의
시골개가 있었어요.*

2
"성가시고 귀찮군!
밥그릇 채우러, 또
달려야겠네."
"더 사나워져야겠네.
적들로부터
내 자리 지키려면…"

3

"재들, 태어날 땐
우리 안에 있는
우리랑 비슷했는데
갈수록 야성 있군!
처음엔 불안..., 어쩌구 하더니!"

*'도시골사람'(우연수집가 著) 중에서

하나면 충분해

네가 움츠리고 걸을 때
말없이
곁에서 걸어주던
그 어린 소년

내가 움츠리고 걸을 때
말없이
곁에서 걸어주던
그 어린 소녀

요즘 아이들 버릇없다고?!

하나면 충분해.

그 어여쁜 이, 동행 하나로
우울한 오늘이
행복꽃!

각하처리

법원에서 날아온 '각하' 통지문,
재판할 가치도 없어
서류를 심사하지 않는다는.

꺼진 눈으로 20년
혈기세운 눈으로 20년

이런 눈 가진 자 나뿐 아니고
이런 삶 사는 자 나뿐
아닌 줄 알았을 때

시를 쓰고 있었네
그대를 위해!
새 시를 쓰고 있었네
세상을 향한...

'각하'가 나를 바꿨네!

'각하'는
지금도 나를,
키우고 있네...

스키니*

2주간
수은주는 영하 10도를 달렸다

2층 서재는
돌보는 이 없이
2주간 방치됐다

스키니 화분 하나가
언 듯 마른 듯
흉악한 몰골을 한 채
베란다에 있는 것을
발견하게 돼서야
게으름을 후회하게 됐지만...

'제발 살아있어만 다오.
새 잎 나지 않아도 좋으니,
부디 뿌리만이라도...'

살아있어만 다오!
네가
살아있기만 하면 된단다!

*천정이나 벽에 걸어놓고 기르는, 아래로 자라는 식물

뇌청소 4

---휘슬소리

돈이면 다다!
돈으로 안 되는 것 없다며
살인폭식하듯
곁땅에까지 사업을 뻗쳐오는
옆집 사람의 욕망 앞에
잠을 깬 건 새벽 2시.

주전자에 물을 채우고
가스레인지 앞에 선다

커피를 타놓고
물 끓는 소리 기다리는데,

휘이히 휘이히 히이이

규칙적인 리듬과 소리로
불안정한 뇌주파
다스리는
휘슬주전자
물끓는 신호!

'무슨 일 일어날까봐
조급하지도 말고
성내지도 말고

~그만. 안심해!'

휘이이 휘이이 히이이

휘슬주전자 휘파람 소리.

뇌청소 5

2층 베란다에서 책을 읽다가
우연히
내려다본
치매 할머니의 거북이 걸음

인사하는 게 귀찮아
슬쩍
피한 적도 있었는데
그런 걸음 걷는 그 할머니
얼마나 귀한지...

사이비 종파에게 남편 빼앗기고
이혼까지 당한
이웃동네 설집사,
길에서 만나면 속으로 싫었는데
그래도 먼저 아는 체하는 모습
얼마나 귀한지...

폭력으로만 다가오는,
일방통행으로만 다가오는
어떤 사람들에 비하면

이들은 다
얼마나 귀하고
소중한지…

봄 그리고 가을

봄이 가고 있다
절정을 향해 가고 있다!

가을이 가고 있다
새 봄까지 뒤따라온

가을 아픔이,

가을이
가고 있다!

뇌청소 6

---마이크로 코스모스*

아들 잃고도 돈 욕심 못버려
욕심쟁이라 불리던 동네 아주머니,
시골에 땅 여럿 사고
연립주택 1,2,3층 다 사고
그러고도 가슴 속 채워지지 않아
하루에도 수십 번 손수레 끌며
폐지 모으는
바람에 빨개진 볼!

가진 건 성질, 목표는
돈이나 권력따위 밖엔 없는
옆집 마트, 젊은 주인들,
덕분에 무언의 폭력
때로는 사기, 공갈 느껴도
없으면 안 될 것 같은
무식한 사랑,
무식한 정情같은 것!

자존심과 돈만 밝히는
나이 드신 약국 아저씨,
성깔있는 체 해도

아파서 길길대면
아끼는 자전거보다
약국 손님이 제일이라며
흐려지는 얼굴빛!

마이크로 코스모스처럼
천하게만 여겨
한없이 작게만 보이던 그들,

때때로
그들의 그림자 보이지 않거나
그만그만 살아가다가
어느 날 각을 세워 다툴 때,

살아있으나 죽은 목숨인
그 순간에야
깨닫게 되는 그들의 가치!

내가 오물이다 버린 것이
때때로
그처럼 소중할 줄이야...

사람기준 미달이다하여 버린
그들의 체온이
때때로
그처럼 따스할 줄이야…

*노벨 문학상을 수상한 폴란드 여류시인, 비스와바 쉼보르스카의 시 제목. 마이크로 코스모스는 현미경으로 보아야만 식별이 가능한 아주 작은 생명체. 또는 소우주小宇宙로도 번역됨.

화해

날 보더니
고개를 급강하하며
삐죽이 비웃는
아름다운 그 여인

좋아하기로 하고
그냥 지나칠까,
아니면
그냥 미워할까,
7일을 마음 찡그리던
그 더운 초여름

“네 하인의 뒷담화에
마음쓰지 말라, 너도
때로는 네 입으로
남을 저주하지 않았느냐!”*

그래, 나도 때로는
입을 삐죽이 내밀고
재미있다는 듯
남을 업신여기지 않았는가.

.
.
.

상념에서 눈 떠보니,

그 아름다운 여인이
입은 옷보다 더 환하게
붉은 입술을 활짝 열어
크게 웃고 있었다.

*솔로몬왕이 기록한 성경, '전도서'의 한 부분을 저자 나름대로 해석하여 기록한 내용이다.

희망 2

조선사람 조선피플
조선피플 초슨피플chosen people*!

진정한 초슨피플 이스라엘도,

속으로 아브라함이 우리 조상이라며
뽐내기만 할 뿐
아무 선한 열매 맺지 못해
하나님께 버림받았는데...
그 일 생각만 하면
이 몸도 그리될까
이 땅도 그리될까
숙연해지지.

그러나 하나님은 말씀하셨네.

내가 사람 막대기, 인생 채찍으로
네가 잘못 갈 때
이 땅이 잘못 될 때
징계하기는 하여도
영원히 버리지는 않겠노라!

저녁에는 울음이 기숙할찌라도
아침에는 기쁨이 오게 하리로다!

, 그래서~
조선사람
초슨피플이지!!!

*선민, 즉 선택된 민족이라는 뜻

태산이~

작은 청소기 하나인데도
작동시킬 정신력
남은 게 없고

예수는 그리스도! 라고
외치는 자 하나 없는
길거리에,
ㅇㅇㅇ는 하나님! 이라는
사이비 종파 인사소리 드높아
아침부터 저녁까지
분노는 가시지 않고

왼쪽 골반과 다리는
디스크로 절고

날은 갑자기 무덥고

내가 아는 어여쁜 이는
마음이 힘들다고
계속 문자를 날리고…

.

.

.

우선,
바른 마음 바른 자세로
응답 메시지부터!

하나씩 하나씩~
차근차근 차근차근!!

.

.

.

"~태산이 높다하되 하늘 아래 뫼이로다.
오르고 또 오르면 못 오를 리 없건마는
사람이 제아니 오르고 뫼만 높다 하더라!!!"

야성인가? 야수인가?

세계 평화, 일상의 평화
어쩌고 운운하던 마음
어디다 집어던지고
어머니 땅 지켜드린다며
정의의 힘 빌리려
112에
신고까지 하며
야성 아닌
야수의 울부짖음으로
이웃과 거친 언쟁까지 하고!

경란아!
이건 아니다.
지켜낼 평화가
소중한 줄은 알지만
야수의 괴력으로는, 좀!
아니다!!!

제4부

감사해요*

*복음성가 제목 중 하나

어떤 기다림 2

비행기가 연착하는 바람에
필리핀에 가기위해선
하루를 기다려야 했다

덕분에 촌사람인 우리들은
항공사측의 배려로
롯데호텔에서
근사한 숙식을 제공받았다.

한국으로 돌아오던 날
비행기가 다시 연착하는 바람에
우리는 7시간을
마닐라공항 매점에서 시간을 보냈다
그땐 항공사측의 짤막한
사과멘트도 없었다

누구는 샌드위치를 먹으며
시간을 즐겼고
누구는 너무한다며
불평을 해댔다.

서울 근처에 가게 됐다
돌아오는 차시간이 맞지 않아
대합실에서
3시간 반을 기다리게 됐다
실은 집에 일찍 돌아올 계획이었다

400원짜리
자동판매기 커피 한 잔을 마셨다
기다림의 댓가는 그것 외에
아무것도 없었다.

25년 전 그 즐거움 많던
프리디 걸pretty girl이
몸 어느 구석으로도
돌아오고 있지 않았다.

호모 페이션스

사람돼라
사람돼라
사람되고 싶어라

???

그러니,
개성대로 다 살 순 없지!

다 삵지않은 과일 엑기스 단지 안의
하얀 가스들
단지입구까지 솟아올라도
맥주처럼
거품 다 쏟지않고
가만히
멈춰버리는 그 모양.

사람답게 사는 게
사람되는 게
어떤 땐
이런 거라 믿고 걷는 이 마음.

고통이 있어도 다 뿜어내지 않고
그럭저럭 참고 가는 것만으로도,
걸쭉한 미소
입가에 걸치는 것만으로도
인생감사!
호모 페이션스*의 승리!

*참음, 인내의 뜻을 가진 영어단어, patience의 국어표기로 호모 페이션스는 '호모'가 붙는, 인간을 규정한 이전 언어들을 패러디한 것임

산파

제가 이 세상에 처음 나올 때
처음 제 몸 받으셨다던 산파 아주머니.
아주 작은 구멍가게에서 핫도그 구우셨죠!
탕난 고구마 과자 따지러 가면
그렇게도 친절히 바꿔주시더군요.
아주머니 몸에서 나온 세 아들
모두 다 장성했어도
여전히 그 구멍가게 지키셨구요.

제가 꽃다운 숙녀됐을 때
아주머니, 아프신 몸으로 다리 절으실 때
동네 개들 으르렁거리면
아저씨는 못된 개들
야무지게 혼내시며
언어조차 잃어버리신 아주머니를
다정히 감싸주셨죠!

구멍가게 사라진지 20년이 넘고
그 자리에 효정원룸 자리하고서야
전, 아주머니가 저의 산파이셨음을 알게 되었고
아주머니의 사랑과
그 사랑으로 인해

한없이 견디셨을 아픔을 느끼며
몹시 부끄러웠답니다.

감사하단 말 한 마디,
사랑한단 말 한 마디
못 했는데...,
버릇없이 인사조차
안 할 때 있었는데...

감사의 라일락 향기
눈꽃같은 겹벚꽃 바람
아주머니 계신 곳까지, 뒤늦게나마
지금,
날아가고 있는지요?

감사의 고난주간

채찍 맞으시고
고통의 십자가 지시고
죽기까지 복종하시어 몸 주셨네.
전하세, 예수~

무서운 몸의 질병
무거운 통증
그가 지신 극악의 형벌, 십자가로
낫게 하시고
살리시려는 뜻,
생각만 하여도
묵상만 하여도
다 나았네, 감사하네!
전하세, 예수~

감당못할 큰 사건들,
마음 조여오고 어지럼증 나도
그 분 몸 주신 것
생각만 하면, 돌연
즐거워지네.

사망권세 이기시고 부활하심
생각만 하면
묵상만 하면
그냥 기분좋네, 감사하네!
전하세, 예수~

분수

내가 선교단체 간사였을 때
박사도 교수도
철없는 짓이다 생각하여 무시했지.

단체를 떠나
내가 되었을 때
박사는 물론
석사도 높아보여 고개숙였지.

내가 시인이 되고
시집을 내고
무엇이 되어 행세했을 때
모교의 후배들이
버릇없게 느껴져 시시했지.
그들에게 화를 내었지.

시인이 아니고
그 무엇도 아니고
그 무슨 행세도 하지 않을 때,
매일 매일
자식벌 되는 후배들을 보며
고개숙여 살고...,

그 무엇이 되려고
칼을 갈았을 때,
그때
후배들은 미소짓는 얼굴로
나더러
"선배님, 안녕하셨어요?"라고
인사해 주었지.

지금,
그때의 내가 부럽지.
지금, 그때의 삶이
비로소
감사하지.

꼭, 좋아야 하나요?
---시인

둥글거나 약간 뾰족한
건강하거나 약간 아픈
행복하거나 약간 불행한

당신!
당신은 그래서

오묘한 이이죠!

조금 모났으면 어떤가요?
조금 못났으면 어떤가요?

그래서 당신이
흥미롭고
경이로운 걸!

그래서 당신이
참, 재미있는 걸!
매력있는 걸!

당신이 언제나 완벽해야 하나요?
당신이 언제나 옳은 소리,

해야 하나요?

글쎄요, 그 대답은
아무래도
노~우!

탈모

어느 새 40까지 왔니?
30에서 40이 되기 직전까지
숫 많던 머리카락이
그렇게 바람에 날려가버리고...

외모와 싸우는 줄 알았는데
그렇게 정신의 싸움을 싸우며
어느 새 40까지 왔니?

아름답던 얼굴마저
한 때는 당황한 눈빛으로
밤 속을 헤매는 듯 하더니
어느 새 40까지 왔니?

다 잊고 평온한 얼굴로,
젊기만 하던 네 영혼
비로소 의젓하여
굳고 강한 심지 머리털 삼아

대머리여도 좋고
젊지 않아도 괜찮은
사나이같은 사나이,

그렇게
어느 새, 40까지 왔니?

뇌청소 7

악을 쓰며 대립하던
이웃과의 그 사건.

원룸을 짓겠다며
땅 한 평의 등기이전을
협박조로 강요하던 그들.

오들오들 떨며 변호사 사무실을
들랑거리던
그때

그들의 강압적 행위가
나를 세우고 있음을 알았다.

20년 전의 법 실력을
어렴풋하게나마,
20년도 더 지난, 법에 대한 촉을
어렴풋하게나마
회복시키고 있는 것이었다

가건물을 헐고
새건물을, 그들이

세워올리는
그때

꽃가루처럼
황사처럼
날아오는 먼지들,
그것들이 나로 하여금
더 부지런해지게 하고,
더 청결해지게 하고,
더 강한
정신력을 갖게하고 있었다.

처음에 대립하던
검들의 양날에서,

그들의 센 날이
매서우나 약하기만 한
나의 날을
더 곧고 강하게 하는 것을,
더 높이 높이 서게 하는 것을
깨닫게 되었다.

어쩌면 그들은
나를 사랑하여
더 단단하게
나와 내 삶을 돌보고 있는 지도
모를 일이라고 생각되었다.

여자 보고서 1
---허수아비 목자르기

같은 여자라
잘 해 줄 것 같아서
그 여인을 택했노라고...

같은 여자라
믿음이 가서
그녀를 택했노라고...

이제 와 보니
국정농단한 구미호의
바람빠진 허수아비라!

그 허수아비 목자르려
애써 보지만,

후회막급이네.
부끄러움뿐이네.
그 여자 찍은,
무지의 손목자르기와
조금도 틀림없네.

내가 찍은 도장에
내 손목 잘려도 좋다는
신호인 줄도 모르고...

좋아라~
손뼉까지 쳤었네!

여자 보고서 2

티아라*도 왕관도 포기할 수 없고
공주 예복도 왕비드레스도 포기할 수 없고
비아그라는 많을수록 좋고
피부미용에 좋은 각종 주사제도
많을수록 좋고
돈을 짜장소스처럼 듬뿍
퍼주는 회장님들이 좋고
나라살림보다
개인사업이 좋고
뭐 묻을까봐
서민에게 고개숙이긴 싫고
내 좋은 것 행여 깎일까봐
호위병들 집지키는
궁궐 밖을
정말
나가기 싫고...

*여자가 약혼식 때 머리에 쓰는 화려한 관

여자 보고서 3
---연극의 이해*

"인생은 연극처럼
연극은 인생처럼!"

대학 때, ㅇ교수 말처럼
정해진 무대 자리에서
자신의 배역을
모두 땀 흘리며
열연하는데...

대통령과 엑스트라 배역 바뀌었네.

실력없는 대통령 배우
옷 입고 머리만 올리고
가만히 서서
출연료 더 달라 칭얼거리고,

엑스트란 대본에도 없는 말을
지껄이며
액션연기까지 하네!

알고 보니

상연되는 연극과
아무 관련없는
사기꾼과 날강도였지!

촛불든 관객들
스스로 일어나
도둑들 내보내고
연극무대 정돈하니,

연극은 다시 진행되고,
연극을 이해하는
배우들과 관객의 수준만
한층 더 높아졌다네!

공연장은 감사소리만
한층 더 드높았다네!!

* 대학시절 母校(전북대)에서 열렸던 인문학 강좌의 명칭 및 교재(김병선 著) 이름에서 따옴

뇌청소 8

속으로 속으로 곪아가기만 하던
10년 간의 속박

나, 이제야 알았네
정신의 추는 한쪽으로 기울고
시대는 기우뚱했던 걸…

정권교체의 새 산을 오름에서

으이쿠!
안 쓰던 몸과 뇌의
근육통이 날아온다

그러나
이제라도 바로 잡아가는
이 길의 느낌은,

사이다의 찐~한 맛처럼
이~야,
짜릿하다!

사람 2

하얀 얼굴 둥근 눈방울
내 고운 연근이
아프겠지만
아름다운 마음으로 살 거 생각하니
첫 번째 사랑

다정한 음성 완벽한 몸매
내 고운 최 선생님
환자들이 쉬이 낫진 않겠지만
아름다운 마음으로 살 거 생각하니
두 번째 사랑

완벽한 키 장동건 얼굴
내 고운 현승이
대장암이 다 나은 것은 아니지만
아름다운 마음으로 살 거 생각하니
세 번째 사랑

자유로운 영혼, 배 나온 발레리노 몸매
내 고운 현주
탈모에, 정규직이 아니지만
아름다운 마음으로 살 거 생각하니

네 번째 사랑

아마츄어 피아니스트, 소녀감성 품고사는
내 고운 미상이
잡지를 구독하고, 부지런히 책을 읽고
아름다운 마음으로 살 거 생각하니
다섯 번째 사랑

.

.

.

당신들은 나의 사랑.

당신들은 나의 사람.

발문

몰입감과 감동의 시

김용철 (목사, 전직 배우)

1

며칠 전, 시인으로서 4권의 시집을 낸 바 있는 이경란 선생으로부터 전화 한 통을 받았다. 내용인 즉, 이번에 5번째 시집을 내는데 발문을 좀 써 달라는 것이었다. 그래서 나는 그런 글은 훌륭한 전주 시장님같은 분에게 써 달라고 해야지 나같이 작은 교회 목사에게 써 달라고 하면 무슨 의미가 있겠느냐고 했더니 그렇지 않다고 꼭 써달라고 부탁을 했다. 그래서 쓸 줄은 모르지만 최선을 다해 써보겠다고 하고 원고를 보내달라고 했다.

그러자 즉시 메일로 60페이지가 넘는 시가 도착했다.
즉시 인쇄해서 읽기 시작했다.
나는 시에 대해서 문외한(門外漢)이기도 했지만 글을 쓰려면 억지로라도 다 읽어 보아야 했기 때문에 읽기 시작했다.

2

그런데 몸 한 번 뒤척이지 않고 처음부터 끝까지 한 시간도 안 되어서 다 읽어버렸다. 다른 시인의 시 같으면 한 두

편 정도 읽다가 잠이 와서 덮어 버렸을 것이나 이경란 시인의 시는 그렇지 않았다. 처음부터 내게 몰입감과 감동을 주었다.

첫 시의 제목이 방원 산부인과이다.
제목부터 범상치 않다.
"방원 산부인과"에 나오는 시 한 구절이 이렇다.

"버스 한 대
광고문을 옆구리에
가득 문신한 채 다가와
소리친다."

버스의 옆구리에 광고문을 문신했단다. 여기서부터 이 시집의 궁금증이 확 몰려왔다.

또한 "그 다음엔"이라는 시에서는

"그 다음엔
그와 나, 우리가 함께
밝은 눈빛을 쏘며
그 어느 누구도 사랑하게 되고."

"시를 잘 모르는 나에게도 "밝은 눈빛을 쏘며"라는 표현은 60대 중반을 넘은 나의 가슴을 울렁이게 했다.

정말로 나의 가슴을 뛰게하고 설레게한 시는 "편지를 부친 날"이었다.

"혹여, 토라질까 봐
빠른우편으로 편지를 부쳐놓고
겨울바람을 맞으며
걷는 걸음은
얼마나 흐뭇하고 다정한지–."

혹시나 토라질까 봐서 빠른우편으로 편지를 보내는 연인의 마음이 마치 옛날 젊었을 적, 편지를 써서 설레는 마음으로 부치던 나의 모습을 떠올리게 했다.

3

이경란 시인의 이번 다섯 번째 시집의 시들은 곳곳에 이러한 감동과 몰입감의 요소로 가득하다. 그리하여 누구나 쉽고 벅찬 가슴으로 시에 접근할 수 있게 해준다.

이경란의 다섯 번째 시집 '뇌청소'의 출간을 진심으로 축하하며, 보잘 것 없는 이 글이 독자들에게 시집 '뇌청소'를 감상하는데 조금이라도 일조했으면 한다.

2017년 여름이 오는 길목에서
김용철

저자의 말

저자의 말

시집을 완성시켜놓고 보니
무엇이 되고자 하였고, 무엇이 된 줄 알았었으나,
원래 그러하였던대로
아무것도 되지 않았고,
아무것도 아닌 그대로의 상태로 남아있는
자신을 발견하게 됐다.

왜 써야 하는가? 하는 물음을 안고
아파하기도 하였으나,
살아있고, 살아가야 하기에,
삶을 완성시켜 나가야하기에
쓴다는
결론만이 도출될 뿐이었다.

산다는 것이 자연스러웠고,
쓴다는 것도 자연스러웠지만,

그러기위해선
자신을 꺾는 노력도 필요했다.

다양한 삶을 살아가는 사람들의 모습을
오래 전부터
그려보고 싶었는데,
부족하게나마 그릴 수 있게 되어 기뻤고,
그 과정에서
다양한 삶의 모습들과 부딪히기도 했지만,
결국에는 껴안을 수 있게 되었음이
작은 행복이었음을 여기에 적는다.

2017년 여름
시쓰는 집 아지트에서
감성시인 이경란

뇌청소

이경란

인쇄 2017년 06월 26일
발행 2017년 07월 01일

지은이 이경란
발행인 서정환

펴낸곳 신아출판사
주소 전북 전주시 완산구 공북 1길 16(태평동 151-30)
전화 (063) 275-4000 · 0484 · 6374
팩스 (063) 274-3131
이메일 shina2347@naver.com sina321@hanmail.net
출판등록 제465-1984-000004호
인쇄 · 제본 신아출판사

ISBN 979-11-5605-444-3 03810
값 10,000원

이 도서의 국립중앙도서관 출판시도서목록(CIP)은 서지정보유통지원시스템 홈페이지(http://seoji.nl.go.kr)와 국가자료공동목록시스템(http://www.nl.go.kr/kolisnet)에서 이용하실 수 있습니다.(CIP제어번호: CIP2017014717)

Printed in KOREA